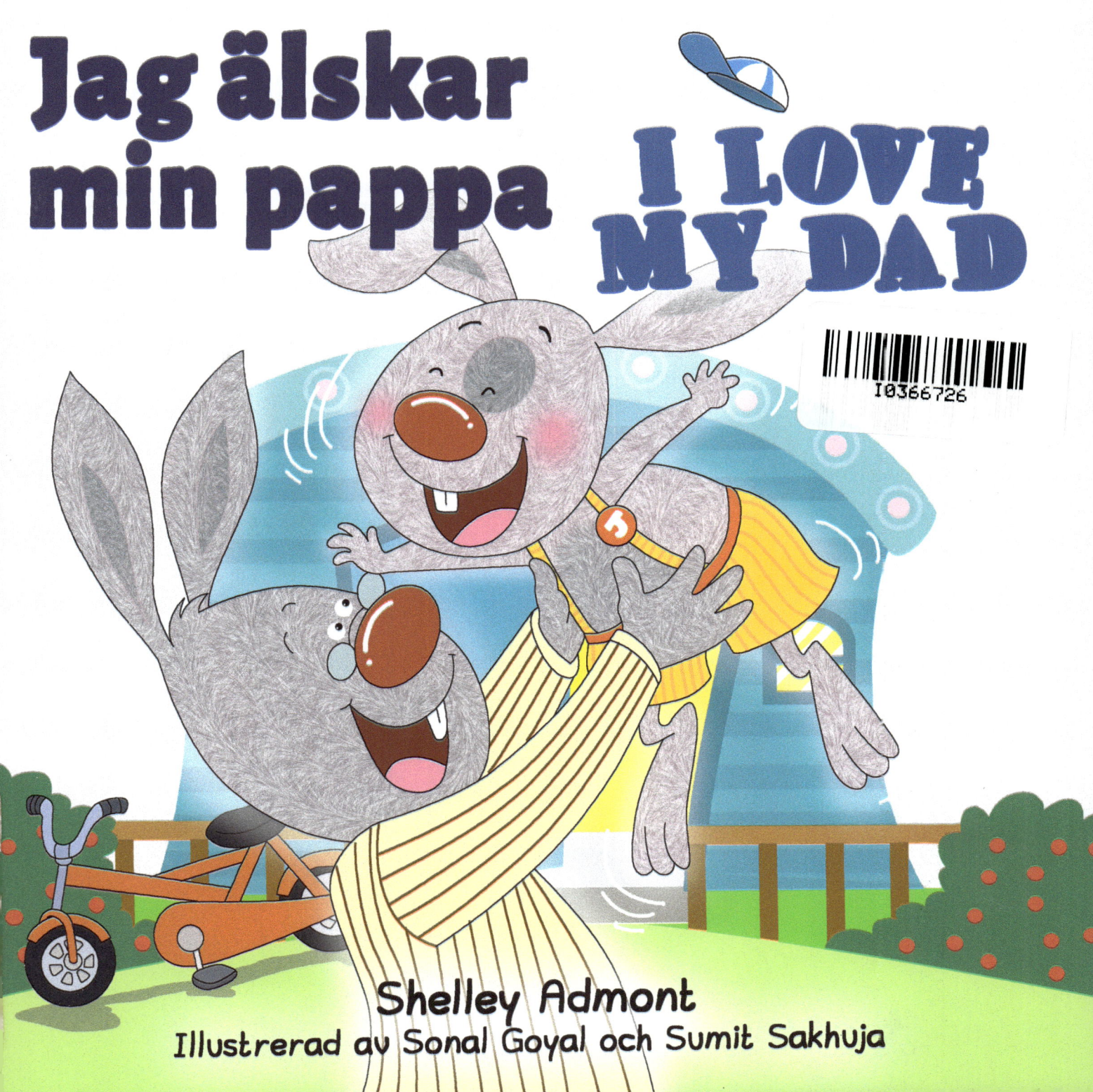

www.kidkiddos.com
Copyright©2015 by S.A.Publishing ©2017 by KidKiddos Books Ltd.
support@kidkiddos.com

All rights reserved. No part of this book may be reproduced in any form or by any electronic or mechanical means, including information storage and retrieval systems, without written permission from the publisher or author, except in the case of a reviewer, who may quote brief passages embodied in critical articles or in a review.
First edition

Translated from English by Malin Gasslander
Översatt från engelska av Malin Gasslander

Library and Archives Canada Cataloguing in Publication
I Love My Dad (Swedish English Bilingual Edition)/ Shelley Admont
ISBN: 978-1-5259-0311-3 paperback
ISBN: 978-1-5259-0312-0 hardcover
ISBN:978-1-5259-0310-6 eBook

Please note that the Swedish and English versions of the story have been written to be as close as possible. However, in some cases they differ in order to accommodate nuances and fluidity of each language.

Till de jag älskar mest –S.A.

For those I love the most–S. A.

En sommardag cyklade den lilla kaninen Jimmy och hans två äldre bröder på sina cyklar. Deras pappa satt i trädgården och läste en bok.

One summer day, Jimmy the little bunny and his two older brothers were riding their bicycles. Their dad sat in the backyard, reading a book.

De två äldre kaninerna skrattade högt medan de körde ikapp. Jimmy försökte hinna ifatt dem på sin cykel med stödhjul.

The two older bunnies laughed loudly as they raced. Jimmy tried to catch up on his training wheel bike.

"Vänta på mig! Jag vill också vara med och tävla!" ropade han. Men hans bröder var för långt borta och hans cykel var för liten.

"Hey, wait for me! I want to race too!" Jimmy shouted. But his brothers were too far away and his bike was too small.

Efter en stund kom hans bröder tillbaka fnissande. "Det är inte rättvist," ropade Jimmy. "Jag vill också cykla på era stora cyklar."

Soon his brothers returned, giggling to each other. "It's not fair," screamed Jimmy. "I want to ride your big bikes too."

"Men Jimmy, du är för liten," sa hans äldsta bror.

"But Jimmy, you're too small," said his oldest brother.

"Och du kan inte ens cykla utan stödhjul," sa mellanbrodern.

"And you don't even know how to ride a two-wheeler," said the middle brother.

"Jag är inte liten!" ropade Jimmy. "Jag kan göra allt som ni kan!"

"I'm not small!" shouted Jimmy. "I can do everything you can!"

Han sprang fram till sina bröder och tog en av deras cyklar. "Titta på det här då!" sa han.

He ran to his brothers and grabbed one of the bicycles. "Just watch!" he said.

"Var försiktig!" ropade hans äldsta bror. Men Jimmy lyssnade inte.

"Be careful!" yelled his oldest brother, but Jimmy didn't listen.

Han slängde upp ena benet och försökte ta sig upp på den stora cykeln. Men då förlorade han balansen och ramlade ner på marken, rakt i en lerpöl.

Throwing one leg over, he tried to climb the large bike. At that moment, he lost his balance and crashed on the ground, directly into a mud puddle.

Hans två äldre bröder började skratta.
His two older brothers burst out laughing.

Jimmy hoppade upp på fötterna och torkade sina leriga händer på de smutsiga byxorna.
Jimmy jumped on his feet and wiped his muddy hands on his dirty pants.

Det fick bara hans bröder att skratta ännu mer.
This just caused his brothers to laugh more.

"Förlåt Jimmy", sa hans äldsta bror medan han skrattade. "Det är bara för roligt."
"Sorry, Jimmy," said the oldest brother in between laughter. "It's just too funny."

Jimmy stod inte ut längre. Han sparkade till cykeln och sprang hem med tårarna rinnande i ansiktet.

Jimmy couldn't stand it anymore. He kicked the bike and ran home with tears streaming down his face.

Pappan såg sina söner från trädgården. Han stängde sin bok och gick för att möta Jimmy.

Dad watched his sons from the backyard. He closed his book and went towards Jimmy.

"Men vännen, vad har hänt?" frågade han.

"Honey, what happened?" he asked.

"Inget," mumlade Jimmy. Han försökte torka bort tårarna med sina smutsiga händer, men han smutsade bara ner ansiktet ännu mer.

"Nothing," grumbled Jimmy. He tried to wipe away his tears with his dirty hands, but instead he smudged his face even more.

Hans pappa log och sa tyst: "Jag vet hur jag kan få dig att skratta…"

Dad smiled and said quietly, "I know what can make you laugh…"

" Inget kan få mig att skratta nu," sa Jimmy, och la armarna i kors.

"Nothing can make me laugh now," said Jimmy, crossing his arms.

"Är du säker?" frågade pappa och började kittla Jimmy tills han log.

"Are you sure?" said Dad and began to tickle Jimmy until he smiled.

Sen kittlade han honom så mycket att Jimmy började fnissa.

Then he tickled him so much that Jimmy started giggling.

De rullade runt i gräset och kittlade varandra tills de båda skrattade högt.

They rolled on the grass, tickling each other until they both laughed loudly.

Medan han fortfarande hickade efter det hysteriska skrattanfallet hoppade Jimmy upp i pappas knä och kramade honom hårt.

Still hiccupping from his hysterical laughter, Jimmy jumped on Dad's lap and hugged him tight.

"Jag såg när du cyklade", sa pappa och kramade honom tillbaka.

"I was watching you ride your bike," said Dad, hugging him back.

"Och jag tror du är redo att cykla utan stödhjul."

"And I think you're ready to ride a two-wheeler."

Jimmys ögon glittrade av förtjusning. Han hoppade upp från marken. "Är det sant?" Kan vi börja nu? Snälla, snälla pappa!"

Jimmy's eyes sparkled with excitement. He jumped on his feet. "Really? Can we start now? Please, please, Daddy!"

"Nu måste du ta ett bad," sa hans pappa och log. " Vi kan börja öva det första vi gör i morgon bitti""

Now you need to take a bath," said Dad smiling. "We can start practicing first thing tomorrow morning."

Efter ett långt bad och en familjemiddag gick Jimmy och la sig. Den natten kunde han knappt sova.

After a long bath and a family dinner, Jimmy went to bed. That night he could barely sleep.

Han vaknade gång på gång för att se om det var morgon.

He woke up again and again to check if it was morning.

Så snart solen gick upp sprang han in i sina föräldrars sovrum.

As soon as the sun rose, Jimmy ran to his parents' bedroom.

Jimmy smög fram till deras säng och skakade sin pappa försiktigt. Pappa vände sig bara om och fortsatte snarka rofyllt.

Jimmy tiptoed towards their bed and gave his father a little shake. Dad just turned to the other side and continued snoring peacefully.

"Pappa, vi måste gå nu," viskade Jimmy och drog av honom täcket.

"Daddy, we need to go," Jimmy murmured and pulled off his covers.

Pappa hoppade till och hans ögon flög upp. "Va? Vadå? Jag är redo!"

Dad jumped and his eyes flew open. "Ah? What? I'm ready!"

"Schhh..." viskade Jimmy. "Väck inte någon."

"Shhhh..." whispered Jimmy. "Don't wake anybody."

Resten av familjen låg fortfarande och sov när de borstade tänderna och gick ut.

While the rest of the family was still sleeping, they brushed their teeth and went out.

När Jimmy öppnade dörren såg han sin orangea cykel glittra i solen. Stödhjulen var borta.

As he opened the door Jimmy saw his orange bike, sparkling in the sun. The training wheels were off.

"Tack pappa!" ropade han och sprang fram till sin cykel.

"Thank you, Daddy!" he shouted as he ran to his bike.

Pappa visade Jimmy hur han skulle komma upp på cykeln och hur han skulle trampa. "Nu ska vi ha roligt!" sa pappa och satte en hjälm på Jimmys huvud.

Dad showed him how to mount it and how to pedal. "Let's have some fun!" Dad said, putting a helmet on Jimmy's head.

*Jimmy tog ett djupt andetag, men rörde sig inte.
"Kom igen. Jag ska hjälpa dig upp i sadeln,"
envisades pappa.*

Jimmy took a deep breath, but didn't move.
"Come on. I'll help you into the seat," Dad insisted.

"Eh..." mumlade Jimmy med darrande röst. "Jag.. Jag är rädd. Tänk om jag ramlar igen?"

"Umm..." mumbled Jimmy, his voice shaking.
"I'm...I'm scared. What if I fall again?"

"Oroa dig inte," tröstade hans pappa. "Jag är nära så jag kan fånga dig om du ramlar."

"Don't worry," reassured his dad. "I'll stay close to catch you if you fall."

Jimmy hoppade upp på cykeln och började trampa långsamt.

Jimmy hopped on his bike and began pedaling slowly.

När cykeln lutade till höger så lutade sig Jimmy till vänster. När cykeln lutade till vänster så lutade sig Jimmy till höger.

When the bike tipped to the right, Jimmy leaned to the left. When the bike tipped to the left, Jimmy leaned to the right.

Ibland ramlade han, men han gav inte upp – han försökte om och om igen.

Sometimes he fell down, but he didn't give up – he tried over and over again.

Morgon efter morgon övade de tillsammans.

Morning after morning they practiced together.

Pappa höll i medan Jimmy vinglade, och till slut lärde sig den lilla kaninen att trampa snabbt.

Dad held on while Jimmy wobbled, and eventually the little bunny learned to pedal fast.

En dag släppte pappa och Jimmy kunde cykla alldeles själv, utan att ramla en enda gång!

Then one day Dad let go and Jimmy could ride all by himself without falling even once!

"Och jag kan tävla också!" utbrast Jimmy.
"And I can race too!" exclaimed Jimmy.

Den dagen tävlade Jimmy med sina bröder.
That day Jimmy raced with brothers.

Gissa vem som vann?
Guess who won the race?

www.ingramcontent.com/pod-product-compliance
Lightning Source LLC
Chambersburg PA
CBHW061138070526
44584CB00033B/4360